Vente les Mardi 9 et Mercredi 10 Avril 1867.

[Helbon]

COLLECTION

DE

TABLEAUX ANCIENS

DE DIFFÉRENTES ÉCOLES

Exposition publique le Lundi 8 Avril 1867

Mᶜ CHARLES PILLET.
COMMISSAIRE-PRISEUR

Mᵗ HORSIN-DÉON,
PEINTRE

1867

CATALOGUE

d'une Collection

DE

TABLEAUX ANCIENS

DES DIFFÉRENTES ÉCOLES

DONT LA VENTE AUX ENCHÈRES PUBLIQUES AURA LIEU

POUR CAUSE DE DÉPART

HOTEL DROUOT, SALLE N° 2

Les Mardi 9 et Mercredi 10 Avril 1867

A DEUX HEURES.

Par le ministère de Me **CHARLES PILLET**, Commissaire-Priseur,
11, rue de Choiseul,

Assisté de **M. HORSIN-DÉON**, Peintre, 15, rue des Moulins.

Chez lesquels se trouve le présent Catalogue.

EXPOSITION PUBLIQUE

Le Lundi 8 Avril 1867, de une heure à cinq heures.

Paris. — Imprimerie de Pillet fils aîné, 5, rue des Grands-Augustins.

La réunion de tableaux que nous livrons aux enchères publiques, est vendue pour cause de départ. Le Catalogue que nous offrons a été rédigé par un ami du propriétaire. Selon son désir, nous le publions tel qu'il nous a été confié, en affirmant toutefois que cette Collection renferme bon nombre de tableaux dignes de tout l'intérêt de MM. les Amateurs et Spéculateurs. — Nous ajouterons encore que tous les tableaux sont dans un état parfait, qu'aucune idée de spéculation ne présidant à cette vente, tous les objets cités dans ce Catalogue seront vendus sans aucune réserve.

HORSIN-DÉON.

ÉCOLE FRANÇAISE

MIGNARD (Pierre)

1 — Portrait de Molière.

Mignard, inspiré par la présence du célèbre écrivain
dont il devait transmettre les traits à la postérité, s'est
élevé dans cette peinture à la hauteur des plus grands
maîtres. Jamais son pinceau n'a été plus gracieux ni plus
vrai. Une abondante chevelure noire encadre son visage.
Sur son front resplendit le génie ; ses yeux pétillent d'es-
prit ; sa bouche, surmontée de légères moustaches, laisse
errer sur sa lèvre épaisse un imperceptible sourire em-
preint de bonté. « Il n'était, disent les historiens, ni trop
gras, ni trop maigre, il avait la taille plutôt grande que
petite, le port noble, la jambe belle. Il marchait grave-
ment, avait l'air sérieux, le nez gros, la bouche grande,
les lèvres épaisses, le teint brun, les sourcils noirs et forts
et les divers mouvements qu'il leur donnait rendaient sa
physionomie comique. »

Notre portrait offre en tous points les caractères que

nous venons d'énumérer et représente Molière à l'âge de trente ans. Il est vêtu en empereur romain : un manteau de pourpre doublé de blanc, broché d'or, est jeté sur ses épaules et est retenu par une riche agrafe.

Il est vu un peu de trois quarts ; son bras nu est levé à la hauteur de sa poitrine et semble indiquer qu'il va parler.

Cet intéressant portrait se détache sur un fond de paysage qui en complète l'ensemble des plus harmonieux. Molière peint par Mignard, son ami, offrant au souvenir la réunion des deux plus aimables talents du grand siècle de Louis IV, doit nécessairement éveiller l'attention et l'intérêt de tous ceux qui s'occupent des Arts et des Lettres.

LAJOUE

2 — Intérieur de Parc.

Un escalier monumental aboutissant à une terrasse sur laquelle se promènent ou devisent des gentilshommes et des dames ; une fontaine, un bassin près duquel se voit un seigneur, le fusil sous le bras, s'entretenant avec deux autres élégantes dames auxquelles il semble montrer un monument qui leur fait face, composent cet agréable tableau, égayé encore par une riante végétation.

3 — Même sujet.

Au fond, de beaux arbres, une cascade, un perron sur lequel sont arrêtés deux cavaliers et une dame.

Une jeune fille se baignant les pieds dans le bassin d'une

belle fontaine, deux jeunes femmes assises à terre écoutant les galants propos d'un gentilhomme qui presse la taille de l'une d'elles, forment l'ensemble de ce second tableau qui ne le cède en rien au précédent, soit comme agrément, soit comme couleur.

4 — Même sujet.

Un monument, un escalier, une fontaine jaillissante, une vaste pièce d'eau dans laquelle se réfléchit une terrasse, au fond, des arbres se détachant sur un ciel gris.

JEAURAT

5 — La Promenade sur l'eau.

Dans un bateau conduit par un jeune marinier et au centre duquel des raffraîchissements sont servis, une société de jeunes femmes et de gentilshommes dans de riches costumes Louis XV, naviguent en écoutant ou en faisant de la musique.

6 — Récréation champêtre.

Dans un paysage boisé et en attendant le repas apprêté, dans le fond, par un valet, un gentilhomme pince de la guitare, un galant courtise une jeune fille ; elle est assise près d'une dame qui l'observe tout en tenant par la main un petit enfant amusé par un Savoyard qui fait danser une marmotte.

FRAGONARD

7 — La Chute de Perrette.

Perrette est renversée à terre tout de son long se soutenant sur ses mains. Son pot au lait, objet de si beaux rêves, est renversé et son malencontreux sabot déchaussé. Un jeune garçon, à demi caché derrière une barrière, sourit au désordre que la chute de la pauvre fille occasionne dans ses vêtements.

Première pensée d'une composition plus complète.

NATTIER

8 — Portrait de Madame Du Barri.

Elle est nue, couchée sur un lit de repos; la tête appuyée sur sa main gauche, le bras droit relevé, elle laisse errer ses doigts dans sa soyeuse chevelure.

CHARDIN

9 — Scène familière.

A l'entrée d'une masure, un vieillard à barbe blanche, coiffé d'un chapeau à cornes, vêtu d'une longue houppelande de houracan, s'apprête à plonger dans une marmite placée sur un feu ardent, une superbe entre-côte qu'il montre avec satisfaction. Une grande quantité de légumes sont entassés près de lui, carottes, poireaux, champignons et autres, exécutés avec grande vérité.

WATTEAU

10 — La Chute.

Dans un paysage boisé, une jeune femme s'est laissé tomber, un jeune garçon l'aide galamment à se relever.

MICHEL & DUVAL

11 — Paysage.

Composé dans la manière de Ruysdaël avec effet de soleil au centre. Les figures qui l'animent sont de Duval.

GRANDON

12 — Tête de jeune Fille.

Elle est blonde. Elle est coiffée à la paysanne, sa tête est légèrement penchée sur son épaule gauche, ses yeux sont levés vers le ciel, elle semble prier.

Cette agréable peinture passait pour être de la première manière de Greuze.

LANTARA. Signé 1788.

13 — Paysage.

D'une jolie qualité de ce maître.

TOURNIÈRES (ROBERT)

14 — Portrait du Régent enfant.

Buste.

CHAPERON (NICOLAS)

15 — Une Bacchanale.

Composée dans le goût du Poussin.

RIGAUD

16 — Portrait du grand Condé.

Sur sa cuirasse fleurdelisée il porte le ruban bleu. Une écharpe lui ceint la taille.

PATEL

17 — Deux Paysages avec Monuments.

Faisant pendants.—Gouaches.

ROBERT (HUBERT)

18 — Grotte traversée par une route.

Effet de soleil.

DROUAIS

19 — Portrait d'un prince de Conti.

COYPEL

20 — Psyché et l'Amour.

DUNOUY (A. H.)

21 — Paysage avec Cascade.

OUDRY

22 — Études d'Oiseaux.

Trois pendants de petite dimension.

PAU DE SAINT-MARTIN

23 — Deux études de Paysage.

Faisant pendants.

LANCRET. Genre de.

24 — Le Repas champêtre.

25 — Concert champêtre.

MAUZAISSE. Signé 1815.

26 — Portrait du docteur Aumorne.

Fils du général de ce nom.

CHAMPAIGNE (Philippe de)

27 — Portrait d'un Membre de la Sorbonne.

CHAMPAIGNE (Jean-Baptiste)

28 — Le Christ en croix.

STELLA (Jacques), d'après Raphaël.

29 — Sainte Famille.

LE VALENTIN

30 — Jésus et les Apôtres.

INCONNUS

31 — Portrait d'un grand Dignitaire de l'Église.

32 — Allégories.

Ce sont quatre dessus de portes.— Grisailles.

33 — Marine.

Ecole moderne.

ÉCOLES

ALLEMANDE, FLAMANDE & HOLLANDAISE

VAN DER HELST

34 — Nausicaa.

Ulysse, dans le plus grand dénûment, aborde la fille
du roi de Phéacie au moment où, entourée de ses femmes,
elle se dispose à faire laver ses robes à la rivière.—A l'as-
pect du héros presque nu, les jeunes filles occupées à des-
cendre des paniers d'un char doré qu'abrite un parasol et
auquel deux vigoureux chevaux sont attelés, ainsi que
d'autres suivantes qui transportent ces paniers au bord de
l'eau, restent saisies d'étonnement ou de crainte. Seule, la
princesse, dans un costume d'une grande richesse, et suivie
d'un petit nègre qui soutient derrière elle sa robe de satin,
reste insensible à la frayeur et accueille Ulysse avec di-
gnité et bonté.

Une couleur brillante, un effet saisissant, recommandent
cet excellent tableau.

REMBRANDT

35 — Portrait de Femme.

Ce tableau est connu sous la dénomination de la *grasse meunière*. Lebrun, dans un de ses catalogues de vente, l'apprécie ainsi : « portrait de femme dans lequel ce grand maître réunit a la puissance de son plus beau coloris, un dessin digne des plus grands peintres d'Italie. »

FYT (Jean)

36 — Tableau de Chasse.

Sur un tertre sont déposés un lièvre, plusieurs perdrix, une corbeille remplie d'oiseaux divers dont une grande quantité sont également jetés à terre à droite et à gauche du tableau. Un chat guette le moment de s'emparer de quelques pièces de gibier, et deux petit singes jouent sur le pan d'une vieille muraille qui occupe une partie du fond du tableau.

Une couleur vigoureuse et vraie, une exécution facile et pourtant très-étudiée, recommandent ce bon tableau.

BERGEN (Dirick van den)

37 — Paysage et Animaux.

Près d'une habitation rustique, vaches et moutons sont gardés par des paysans. Sur le premier plan, une femme se lave les pieds dans une mare.

Tableau capital du maître.

WOUWERMANS (Pierre)

38 — Paysage et Figures.

Sur un tertre, on voit une habitation rustique ombragée d'arbres ; une route sinueuse coupée par un pont en ruines y conduit. De nombreuses figures la parcourent à ses différents plans.—Sur le devant du tableau, au bord de la route, on voit une caravane de bohémiens préparant leur repas, qui cuit dans une marmite sur un feu improvisé, ainsi qu'un cavalier qui mène son cheval blanc à l'abreuvoir. Enfin, cet agréable tableau se complète d'une petite figure de pêcheur installée près du pont et dans le lointain, un lac et des montagnes s'étendant à perte de vue.

WOUWERMANS. Genre de Philippe.

39 — Rendez-vous de Chasse.

Il a lieu sur un tertre ombragé d'arbres où déjà une partie des conviés sont réunis ; un gentilhomme et une jeune dame à cheval y arrivent au galop appelés par le son du cor. Sur le premier plan, au bas du tertre, sont un cavalier descendu d'un cheval blanc, un fauconnier portant son faucon sur le poing et quantité de chiens. A un plan éloigné accourt un second fauconnier portant un cerceau rempli de faucons.

40 — Paysage et Figures.

Un cavalier et une jeune dame se sont arrêtés pour faire rafraîchir leurs chevaux à une rivière où déjà sont installées des femmes qui lavent du linge. Sur l'autre rive, on aperçoit une tour, quelques arbres et un horizon montagneux.

RUYSDAEL (Salomon). Signé.

41 — Paysage.

Sur le premier plan, un chemin creux où se voit un troupeau de moutons et le berger endormi, puis un torrent avec pont rustique, un monticule couronné d'arbres

à l'ombre desquels se reposent trois personnages. Au fond,
une échappée de paysage qui s'étend à l'horizon.

MOLENAER (JEAN)

42 — Prédication de saint Jean.

Dans un paysage agreste, le précurseur est entouré d'une
foule de personnages de toutes conditions. On remarque
parmi eux toute une famille flamande en costume de l'é-
poque. Ce curieux tableau est exécuté dans la manière de
Rembrandt.

MAAS (NICOLAS). Signé 1667.

43 — Portrait de Femme.

Elle est debout tenant des fruits, des fleurs dans la main
gauche, et de la droite, elle cueille une orange.

BREUGHEL (PIERRE)

44 — Les Misères de la Guerre.

Nous assistons au pillage d'un village livré à la merci
d'une soldatesque effrénée. Les pauvres habitants ne ren-
contrent ni grâce, ni pitié. En vain un vieillard implore-

t-il la clémence du chef, la mort est partout et jusqu'aux portes de l'Eglise incendiée.

Une foule d'épisodes rendus avec vérité et grand soin, font de ce curieux tableau une œuvre des plus intéressantes.

VAN BLOEMEN

45 — Paysage et Animaux.

Arrêtés près d'une rivière, des paysans y font abreuver leurs bestiaux.

46 — Marche d'Animaux.

Ces deux tableaux sont du meilleur faire du maître.

HOREMANS

47 — Intérieur de Cabaret.

Après un copieux repas, une nombreuse société de joyeux Hollandais fument et boivent. Sur le premier plan, un jeune homme lutine une jolie fille assise sur ses genoux.

48 — Un Concert.

MOLYN (Pierre)

49 — Paysage.

Le site est boisé et traversé par une rivière sur laquelle naviguent deux bateaux. Sur le premier plan, une maison rustique et des paysans

CRANACK (Lucas)

50 — La Vierge et l'Enfant.

Dans l'intérieur d'un appartement, Marie est assise devant une table, tenant son divin fils sur ses genoux.

BISCAYE

51 — La Vierge, l'Enfant Jésus, saint Joseph et sainte Anne.

BREEMBERG (Bartholomé)

52 — La Fuite én Égypte.

53 — Adoration des Bergers.

FERG (Paul). Signé.

54 — Paysage.

Le site est montagneux, au centre un pont rustique,
une rivière ; au bord d'une mare, une femme qui lave du
linge, un chien qui se désaltère, une autre femme portant
un panier sur sa tête et marchant près d'un jeune homme,
des moutons, un âne, composent ce paysage exécuté dans
la manière de Berghem.

DIETRICK

55 — Paysage.

Une rivière, garnie sur ses bords de jonc et de plantes
aquatiques, coule paisiblement entre des rochers sur lesquels un pont de bois est jeté.

Ce tableau, qui est gravé, se complète de la présence
d'un berger qui surveille son troupeau.

SPRANGER (Barthélemy)

56 — Les Douceurs de la Maternité.

Une jeune femme est entourée de trois beaux enfants,
l'un est placé sur ses genoux, le second l'embrasse, et le

troisième lui présente des fruits sur un plat. Au pied de
ce groupe gracieux brûle un feu ardent dans un brasier.

TILBOGH (Gilles van)

57 — Deux Buveurs dans un intérieur rustique.

BÉGA (Corneille)

58 — Intérieur flamand.

MOLENAER (Nicolas-Miense)

59 — Intérieur de Cabaret.

ASSELYN (Jean)

60 — Paysage avec Figures et Animaux.

SWANEVELT (Herman)

61 — Paysage. Site d'Italie.

VAN KESSEL

62 — Des Oiseaux.

Deux petits pendants.

HOBBÉMA. Genre de.

63 — Paysage boisé.

64 — Étude de Forêt.

INCONNU. Signé de la lettre A.

65 — Tableau de Salle à manger.

Des raisins, un pâté, des huîtres, un citron et divers
fruits sont déposés sur une table.

ÉCOLE ITALIENNE

BAROCHE

66 — Le Christ mort et les saintes Femmes.

CANALETTI

67 — Vue de la place Saint-Marc.

Une partie de cette place est vivement éclairée par le soleil, et est animée de nombreuses figures.

CARRACHE. Genre de·

68 — Saint François en prière.

CORRÈGE. École de.

69 — Repos de la Sainte Famille.

FILIPPO LAURI

70 — La Fuite en Égypte.

LUCA GIORDANO

71 — Fleurs et Figures.

Une jeune femme, assise près d'une table de pierre char-
gée de raisins et de fruits divers, étend la main pour re-
cevoir d'un enfant de nouvelles grappes qu'il détache du
cep abondamment pourvu.

Une couleur claire et brillante, un arrangement des plus
pittoresques recommandent cette agréable peinture.

GUARDI

72 — Paysage. Site d'Italie.

73 — Paysage avec Monument.

74 — Paysage avec Ruines.

Trois charmantes études.

GUASPRE POUSSIN

75 — Paysage montagneux avec figure de Philosophe.

76 — Paysage avec figure de Pasteur lisant une inscription.

LANFRANC

77 — La Sainte Trinité.

LONGHI

78 — Le Déjeuner.

Une jeune femme prend une tasse de chocolat qu'un page vient de lui servir sur un plateau d'argent.

79 — Le Goûter.

Un nègre apporte à sa maîtresse des gâteaux sur un

plat d'argent qu'elle semble vouloir partager avec un per-
roquet qu'elle caresse.

MARIO DEI FIORI

80 — Portrait de Femme entourée de fleurs.

81 — Portrait de Femme entourée de fleurs.

Pendant du précédent.

MURILLO. École de.

82 — Adoration des Bergers.

83 — Moutons sous la garde d'un Berger.

PARMESAN

84 — Sainte Famille avec des Anges.

Grand tableau d'église.

RAPHAEL. École de.

85 — Tête de Christ.

86 — Tête de Vierge.

87 — Mater dolorosa.

RIBERA (JOSEPH)

88 — Le Philosophe Platon.

Platon ayant avancé dans son traité sur l'homme cette
singulière idée que l'homme était un animal à deux pattes
et sans plumes, le satirique Diogène ayant plumé un pou-
let vivant, le jeta dans la demeure du philosophe en lui
disant : tiens, Platon, voilà ton homme.

SALVATOR ROSA

**89 — Paysage montagneux avec figure de saint
        Jérôme.**

90 — Paysage avec Figures.

SASSO FERRATO

91 — Tête de Vierge.

Les mains jointes, Marie est représentée en buste priant et est animée du plus profond sentiment d'amour divin.

SASSO FERRATO. D'après.

92 — Tête de Vierge.

TREVISANI

93 — La Vierge et l'Enfant.

Marie reçoit avec bonheur les caresses de son divin enfant.

Gracieuse composition qui unit à une couleur agréable un charme infini dans son ensemble.

VÉRONÈSE (Alexandre)

94 — Sainte Famille.

La Vierge est assise tenant l'enfant Jésus sur ses genoux, auquel des anges offrent un plateau chargé de fruits. Un peu en arrière se voit saint Joseph. Dans un coin du tableau, sont peintes des armoiries de famille.

INCONNU

95 — Mariage de la Vierge.

96 — Intérieur d'Église.

Dessin à la plume.

DIVERS

97 — Sous ce numéro, les Tableaux non catalogués.

98 — Plusieurs lots de Cadres.

GRAVURES

99 — Gravures encadrées et autres.

www.ingramcontent.com/pod-product-compliance
Ingram Content Group UK Ltd.
Pitfield, Milton Keynes, MK11 3LW, UK
UKHW031724170726
13836UKWH00001B/408